AF493524

NOTICE BIOGRAPHIQUE

sur

M. L'ABBÉ LIRON

CURÉ DE SAINT-ÉTIENNE-DE-MONT-LUC

(Loire-Inférieure)

décédé le 11 Juillet 1880.

SAINT-NAZAIRE
IMPRIMERIE DE FRÉDÉRIC GIRARD
Rue du Bois-Savary.

1880

NOTICE BIOGRAPHIQUE

sur

M. L'ABBÉ LIRON

Curé de St-Étienne-de-Mont-Luc

SAINT-NAZAIRE. — FRÉDÉRIC GIRARD, IMP.

NOTICE BIOGRAPHIQUE

sur

M. L'ABBÉ LIRON

CURÉ DE SAINT-ÉTIENNE-DE-MONT-LUC

(Loire-Inférieure)

Par M. l'abbé H. HAMEL

SAINT-NAZAIRE
IMPRIMERIE DE FRÉDÉRIC GIRARD
Rue du Bois-Savary.

1880

NOTICE BIOGRAPHIQUE

sur

M. L'ABBÉ LIRON

Curé de Saint-Étienne-de-Mont-Luc

Le Dimanche; onze Juillet 1880, la paroisse de Saint-Etienne-de-Mont-Luc perdait son respectable Curé, monsieur l'abbé Liron.

Le deuil général et la douleur si vraie de cette population, éminemment chrétienne, deviennent le meilleur éloge qui puisse être fait du pasteur et du prêtre.

Sa tombe, placée au milieu de celles de ses paroissiens, renferme sa dépouille mortelle, mais un riche tombeau se trouve, pour son cœur, dans le cœur de ses enfants spirituels. Saint-Etienne-de-Mont-Luc gardera longtemps le souvenir de celui qui a su s'y faire aimer. Quand la mort est venue briser les liens qui l'attachaient à sa chère population, il allait atteindre sa cinquantième année, époque de la vie où le prêtre, dans la maturité de l'âge, dans le calme de lui-même, dans la sagesse et l'expérience des choses du Ciel, fait plus efficacement encore l'œuvre de Dieu, et coopère, avec plus de fruit, au salut des âmes qui lui sont confiées.

Il était prêtre depuis vingt-trois ans ; sa vie sacerdotale n'était pas encore longue suivant les années, mais longue par les œuvres, mais bien remplie par un ministère laborieux, mais toute fécondée par un dévoûment généreux et par le zèle le plus actif mis au service d'une intelligence élevée, et d'un cœur toujours disposé au sacrifice.

Dévoûment et sacrifice, ces deux mots redisent toute sa vie ; dévoûment et sacrifice, il semble que c'était là sa noble devise, c'était du moins le besoin de son cœur de prêtre ; dévoûment et sacrifice, telle fut aussi la pensée qu'il développa merveilleusement, ou plutôt qui déborda de son âme ardente au jour de son installation : « *Ego libentissimè impendam,* » le dévoûment sera le principe inspirateur » de ma vie. »

M. l'abbé Etienne Liron naquit en 1831, au village de Bert, dépendant alors de la paroisse de Montoir et annexé aujourd'hui à celle de Méan-Saint-Nazaire. Il ne connut jamais sa mère ; il avait à peine quinze mois quand il en fut privé ; Dieu voulait le mettre de bonne heure à l'école du sacrifice. Tout jeune encore il connut la privation, et ses premiers pas dans la vie furent comme circonscrits autour du Calvaire ; l'enfant qui n'a plus de mère, a presque tout perdu et ne sait plus faire heureusement son entrée dans la vie. Une sœur, qu'il affectionnait vivement, lui tint lieu de mère. Sa jeunesse fut donc comme une première école de sa grande vie de prêtre ; vie de privation, nous venons de le voir, mais surtout vie de souffrances ; sa santé fut toujours chancelante et la maladie vint souvent ébranler sa constitution délicate ; aussi répétait-il aux jours de son noviciat sacerdotal et dans ses confidences intimes, « qu'il est nécessaire que l'homme, dès son enfance apprenne à souffrir, pour que, devenu prêtre, il soit trouvé digne du sacrifice et capable de consoler autour de lui ceux qui souffrent ou qui sont éprouvés par le malheur. »

Dieu qui le conduisait ainsi par cette voie de l'épreuve, fit germer en lui de bonne heure cette vocation à l'état ecclésiastique, qui fut toujours l'aspiration constante de ses premières années.

En 1844, il entra au collège de Guérande, où son goût pour l'étude et sa merveilleuse aptitude pour les sciences positives, le firent bientôt remarquer, et lui assurèrent, dès le début, un rang distingué parmi les élèves de sa classe.

Sa piété grandissait à l'égal de sa science, et déjà ses maîtres se plaisaient à voir en lui le Séminariste grandi, devenu prêtre et se consacrant tout entier aux œuvres du Saint Ministère.

Cependant, cette vocation qui semblait si

affermie, apparut comme ébranlée vers la fin de son année de cinquième : « Je tremblais, nous disait-il plus tard, à la grande pensée du sacerdoce ; il m'apparaissait terrible par ses responsabilités, inaccessible par sa sainteté, impossible, eu égard à ma grande faiblesse et à mon peu de vertu. »

Cette crainte et cette hésitation lui étaient survenues à la suite d'une retraite spirituelle, prêchée au Séminaire, vers le milieu de cette même année ; mais, disons-le, elles étaient aussi l'indice d'une sagesse bien précoce et d'une juste appréciation des choses de la vie. Peut-être enfin était-ce une de ces épreuves que Dieu parfois fait subir aux grandes âmes. Mais, semblable à la tempête, dont les ébranlements consolident les grands arbres en faisant pénétrer plus profondément leurs racines dans le sol, cette épreuve d'un jour devait servir à rendre sa vocation plus sérieuse et plus inébranlable.

Il part en vacances avec l'idée bien arrêtée de ne plus rentrer au Séminaire ; il veut essayer de la vie du marin ; sans doute parce qne là encore il faut le sacrifice et l'abnégation. Il quitte la modeste tunique du séminariste, il endosse l'habit plus rude du marin et s'embarque pour l'Angleterre.

Pars, jeune séminariste marin ; va demander aux flots de la mer la fermetê du caractère, la prompte obéissance et la résolution dans le sacrifice de la vie... Pars, mais sache-le bien, Dieu t'attend ; tu reviendras plus fort, plus viril ; tu reviendras pour diriger sur d'autres flots que ceux de l'Océan ; tu reviendras pour devenir un véritable capitaine , non sur un frêle esquif, mais dans l'église de Dieu et dans les rangs de la milice sacerdotale.

Le voyage fut long et pénible ; une tempête dans la Manche rendit la traversée périlleuse ; elle ébranla, non pas son courage , mais sa santé, et termina l'épreuve.

A son retour il sentit de nouveau renaître en lui cette vocation sainte du sacerdoce. En face de la réalité des choses présentes , en face d'un avenir qui se révèle à lui avec l'incertitude d'un côté, et l'assurance de l'autre ; exposé à de grands dangers spirituels s'il reste dans l'état de marin, plus assuré du Ciel s'il rentre au séminaire, et surtout plus certain, s'il devient prêtre, de pouvoir faire un bien supérieur et réel, il n'hésitera plus, il suppliera bientôt qu'on lui permette de reprendre ses chères études, un instant abandonnées.

Un incident, quasi providentiel, se présente à lui et va rompre tout ce qui pouvait être encore pour lui doute, frayeur, ou suspension de sa volonté. Il venait d'assister à une confirmation donnée à Montoir par Monseigneur l'Evêque de Nantes ; la vue de ce Pontife, de cette fête, de ces cérémonies saintes, avait agi puissamment sur son âme inquiète. Un ami de son père, un saint prêtre de Nantes, était venu voir la famille ; il fut frappé de la tenue de notre jeune séminariste marin, de son allure franche et droite, de sa figure ouverte et toute intelligente. Il s'entretint longtemps avec lui, pénétra bientôt ses pensées intimes, et acquit la conviction que les hésitations de cette âme ardente ne provenaient que d'une crainte trop grande, inspirée par la haute idée qu'il se faisait du sacerdoce. Aussi quand le moment de la séparation fut venu, quand ce prêtre eût fait ses adieux à la famille, il voulut que le jeune Etienne l'accompagnât sur le chemin de Montoir; puis tout-à-coup s'arrêtant dans sa marche, il le regarde quelque temps avec intérêt : « Mon cher ami, lui dit-il, Dieu vous veut ; rappelez-vous que quoi que vous fassiez, vous serez prêtre un jour. Adieu. »

Ces paroles l'impressionnèrent vivement... Tout le jour, et les jours suivants, il se les répétait : Dieu me veut, disait-il, Dieu me veut... il me l'a affirmé, ce prêtre... Eh! bien, j'irai.

Quand fut arrivé le jour fixé pour la rentrée des classes, il retourna avec bonheur au Séminaire de Guérande, et fut désormais inébranlable dans sa vocation, Dieu le voulait.

Il acheva ses études au Petit-Séminaire de

Nantes où il sut grandir dans la science et la piété, et mériter l'affection la plus vraie de ses condisciples, comme aussi l'estime entière de ses supérieurs. Vers la fin de son année de rhétorique, on vit se dessiner en lui une disposition toute spéciale pour l'éloquence.

O'Connell était devenu son inspirateur, et comme son génie protecteur. « C'est l'homme de mon choix redisait-il souvent : J'aime O'Connell, debout sur la terre d'Irlande et plaidant avec toute son âme de feu pour les libertés de son pays. O'Connell, O'Connell. »

Au Séminaire de Philosophie, le plus cher de ses vœux fut enfin réalisé ; il revêtit, l'un des premiers, le saint habit ecclésiastique et reçut la tonsure. A partir de ce jour il se crut déjà prêtre et s'efforça d'en acquérir toutes les vertus, toutes les qualités et tous les dévoûments. Il ne tarda pas à être mis à l'épreuve.

Pendant ses vacances de 1854, une affreuse épidémie vint s'abattre sur la paroisse de Montoir, et exerça ses ravages surtout dans la partie de Méan. En quelques mois le choléra avait plongé dans la douleur un grand nombre de familles ; chaque jour un nouveau deuil venait se joindre aux deuils des jours précédents ; les décès étaient nombreux, et la vue des cortéges funèbres, passant hélas trop fréquemment sur la place et dans les rues, avait consterné la population, à tel point que personne n'osait plus ensevelir ceux qui venaient de tomber victimes de ce fléau contagieux... Les parents semblaient se fuir ; la crainte de la terrible maladie fermait les cœurs, et affaiblissait les dévoûments. L'heure était venue où le jeune sous-diacre allait faire son apprentissage du sacrifice ; il n'hésita pas, et voulut se donner tout entier au service des malades et des mourants. Il se réunit à quelques personnes, dévouées comme lui ; il s'en trouve toujours à l'heure de la souffrance, surtout dans ces populations voisines de la mer, accoutumées qu'elles sont aux dangers comme aux bruits de la tempête. Avec une religieuse du Tiers-Ordre, sœur Marie Urb...

il ensevelissait les morts, soulageait les malades et consolait les affligés. Lorsqu'en face de misères plus grandes le cœur semblait faiblir : « Allons, chère sœur Marie, disait-il, » faisons courageusement l'apprentissage du » dévoûment ; allons jusqu'au sacrifice, si » cela est nécessaire. Tous les deux nous » l'avons promis à Dieu ; il saura bien nous » en récompenser. »

Un jour, au plus fort de l'épidémie, une vieille femme se mourait, abandonnée de tous, privée de tous soins ; chacun fuyait la peste qu'exhalait la pauvre mourante ; seule, mais pleine de courage, la religieuse veilla près d'elle et reçut ses derniers soupirs ; bientôt l'ouvrier apporta le cercueil ; il entr'ouvrit hâtivement la porte pour prévenir, et disparut ; en même temps entrait le jeune abbé : « Elle est donc morte, dit-il, je ne savais pas qu'elle fût malade : Il s'agenouille et prie près d'elle, puis, avec la sœur, sans craindre le contact de ce cadavre, il aida à l'ensevelir religieusement et continua sa prière pour cette pauvre abandonnée.

Quelques jours après, un malheureux vieillard le fait demander : Il faut mourir, s'écrie-t-il, la cruelle épidémie vient de m'atteindre. Notre sous-diacre lui donna tous ses soins ; mais bientôt il s'aperçut que d'autres soins plus importants réclamaient son zèle. Depuis longtemps le malade n'avait pas rempli ses devoirs religieux. Il faut se confesser lui dit-il !... allons, vieux père, ne mourons pas ainsi !... Une parole d'impiété fut la réponse du moribond.

Qu'importe ! il sort, envoie chercher un prêtre, et revient près de lui ; longtemps il l'exhorte, mais toujours en vain. Il faudra bien, père, je ne vous lâcherai pas ainsi.

— Mais vous allez contracter ma maladie !

— Allons, mon vieux, vous avez été marin, dites-moi, si votre matelot fût tombé par dessus le bord, qu'eussiez-vous fait ?

Le malade se soulève vivement :

— J'eusse été à l'eau aussi vite que lui, je l'eus sauvé.

— Eh bien, vieux père, vous allez bientôt sombrer et vous voulez que je vous quitte ?

A ce moment leurs regards se rencontrent ; deux grosses larmes tombèrent des yeux du moribond :

— Oui... oui... je le veux ; mais c'est à vous, pas à d'autres.

— Je ne le puis pas.

— Alors vous avez peur.

— Non, vraiment ; mais mon vieux, la consigne : moi je ne suis pas encore reçu capitaine.

A ce moment, Monsieur le Curé de Montoir entrait. La confession fut sincère, comme celle d'un marin : le soir il mourait, ayant à côté de lui son jeune abbé dont il serrait la main et qu'il appelait son sauveur.

Arrivé devant le Grand Capitaine, dit-il, je je vais joliment lui parler de vous et lui dire de vous récompenser.

La récompense ne devait pas se faire attendre, c'était le Sacerdoce.

Ce fut à la fin de décembre 1867 qu'il reçut la consécration sacerdotale des mains de Mgr Jaquemet, évêque de Nantes. Pour lui comme pour tous les prêtres, ce jour fit époque dans sa vie. Il avait été, ce jour, l'objet constant, le terme unique des aspirations de son âme. Il reçut dans ce jour la grâce fécondante de toute sa vie, le principe inspirateur de tous ses actes ; ce jour enfin fut comme le centre de son existence. Pendant vingt-cinq ans il s'y était préparé, il l'avait désiré et mérité ; pendant vingt-cinq années aussi il devait utiliser les dons qu'il avait reçus dans ce jour, faire fructifier les talents que Dieu lui avait confiés, être enfin prêtre pendant vingt-cinq ans.

Devenu prêtre, l'abbé Liron ne voulait plus être à lui ; il voulait le travail, il voulait l'obéissance, il voulait le sacrifice. Son ambition, s'il est permis d'employer ici ce mot, le porta du premier coup vers les grandes choses, parce qu'elles exigeaient les grands dévoûments ; vers la vie héroïque du missionnaire, parce que le prêtre y vit de sacrifices. Cette idée, qu'il avait longtemps mûrie dans le silence de l'Oraison, cette pensée qui avait souvent passé comme un souffle puissant sur son âme, il voulait la réaliser.

Parfois, nous disait-il dans l'intimité, je rêve d'un Saint-François-Xavier, je rêve des tribus de l'Amérique, des peuplades indiennes, ou des lointaines missions de la Chine. Pour atteindre ce but, il fallait le sacrifice et l'abnégation ; il n'était pas homme à reculer ; comme Saint-Etienne, son patron, il eût volontiers accepté le martyre. Aussi sa résolution devint-elle inébranlable. Plusieurs jeunes prêtres de ses amis, MM. B*** et L***, se préparaient à partir pour la mission de Toronto (Amérique du Nord); il voulut les suivre. Il obtint l'autorisation de Mgr Jaquemet, et son départ fut décidé. La pensée de quitter son pays, de dire adieu à sa famille, à sa sœur, à son vieux père, de s'éloigner enfin de tout ce qu'il avait tant aimé , faisait naître parfois des regrets, des hésitations peut-être , surtout des brisements de cœur ; mais ce cœur était celui d'un apôtre , il était encore nouveau prêtre , sous l'influence plus immédiate de la grâce , et dès lors plus vivement pressé par l'idée de ce dévoûment qui depuis l'enfance avait été l'inspirateur de ses actes ; dévoûment qui , transformé aux jours de l'ordination sacerdotale, était devenu comme l'élément de sa vie ; on eût dit que la terre devait manquer à son zèle.

Mais le dévoûment n'existe qu'à la condition que les forces du corps viennent le seconder. Il allait partir, quand tout-à-coup, une maladie, principe de celle qui devait l'enlever plus tard, vint mettre un obstacle insurmontable à l'accomplissement de ses désirs ; ses forces ne furent plus à la hauteur de son courage ; son âme trop ardente avait comme épuisé son corps.

Ses amis durent partir sans lui ; ceux dont il s'estimait si heureux de partager les travaux partaient, on peut dire, en emportant la moitié de lui-même. Monseigneur Jaquemet opposa immédiatement un refus formel à toute tentative nouvelle, à tous désirs réitérés de départ.

Cependant le murmure n'effleura pas même ses lèvres ; il eut bien une sorte de bouleversement intérieur ; quelque chose qui ressemblait à une lutte entre ses violents désirs et l'impossibilité, entre ses dons et sa faiblesse physique ; quel homme fut jamais heureux avec de grands dons ?... Quel vase habité par une âme d'élite n'a pas reçu du Ciel la goutte d'absinthe qui doit le purifier !

Il lui fallut donc renoncer complètement à toute idée de départ. Aussi bien Dieu se contentait-il des désirs de son jeune missionnaire ; il n'avait voulu du sacrifice que l'acte héroïque de la volonté ; comme autrefois il avait arrêté le bras déjà levé d'Abraham, qui s'immolait par le cœur en sacrifiant son fils par le glaive, il arrêta également ce pied généreux qui devait aller fouler peut-être le sol du martyre.

Mais si Dieu avait dit à Abraham : Regarde, voici qu'en récompense de ta foi, je te donnerai une postérité innombrable, Dieu semblait avoir également dit à son jeune prêtre : Regarde, voici qu'en récompense de ton dévoûment, dont je ne veux que les désirs, je donnerai à ton ministère une grande fécondité : tu vas devenir le père d'un grand nombre d'âmes que tu dirigeras vers le Ciel.

Et le prêtre avait dit : Amen. Chauvé, Châteaubriant, et Saint-Etienne, allaient devenir tour-à-tour, les théâtres de son zèle.

Il fut nommé directeur au collége de Chauvé ; il y trouva l'occasion de faire fructifier les heureux dons que Dïeu lui avait départis ; son action sur ces jeunes enfants confiés à ses soins, fut toute paternelle sans doute, mais surtout ferme et intelligente ; il se sentait tout porté vers ces jeunes élèves qui recevaient les prémices de son ministère. Plusieurs d'entre eux, aujourd'hui prêtres, aiment à se rappeler l'action si bienveillante, si sage de leur directeur à Chauvé.

Son zèle avait à peine eu le temps de s'y révéler, que la maladie revient et arrête de nouveau tout l'élan de son activité. L'épreuve se trouvait de nouveau au début de son sacerdoce. Cependant le mal grandissait et semblait devoir paralyser toute action ; il fut obligé de quitter sa chère maison d'éducation et de s'éloigner de ses enfants ; pourtant son cœur de prêtre s'y était fortement attaché, et plus d'une larme coula de ses yeux en songeant qu'il ne reviendrait plus vivre au milieu de ses élèves ; l'hospice de Pornic s'ouvrit pour le recevoir, il y entra pour prendre du repos et rétablir sa santé ; Dieu voulait le rendre digne de produire des fruits de salut, en le faisant de nouveau se courber sous le sacrifice et la souffrance. La prière et l'étude devinrent sa douce occupation ; il demandait fréquemment à Dieu des forces, moins pour vivre, que pour travailler à l'œuvre des âmes.

« Vous ne sauriez croire, écrivait-il à l'un

» de ses amis, combien ce temps d'un repos
» forcé, me donne d'activité pour la prière ;
» je viens d'apprendre que bientôt on me
» nommerait vicaire ; vous le dirai-je, je vis
» déjà avec les âmes qui me seront confiées.
» Je les aime, et ne pouvant encore leur dire
» d'aimer Dieu, je prie pour elles, je les vois
» en Dieu, et je me sens heureux d'offrir
» mes souffrances pour elles. Pensez-vous
» que Dieu me permettra de faire ainsi, par
» avance, un peu de bien à celles que je ne
» connais pas encore. Tout à vous en N. S.»

Après avoir de nouveau reçu la consécration de la douleur ; quand ses souffrances, heureusement arrivées à leur fin, eurent retrempé toutes ses forces morales, l'heure tant désirée par lui sonna enfin ; le moment du travail, de la lutte, du dévoûment était arrivé, mais il était prêt ; il avait vécu de la prière et de l'épreuve, il allait marcher à l'action avec la grâce descendue en lui, avec la sainte énergie d'une âme toute pleine de l'idée du bien.

En 1863, il était nommé vicaire à Châteaubriant... Châteaubriant, nom de doux souvenir entre les souvenirs chers à son cœur ; nom qui d'abord avait effrayé ce qu'il appelait sa faiblesse, et lui avait fait murmurer une plainte à l'adresse de sainte Anne, sa protectrice, mais nom précieux pour lui, nom qui lui rappelait jusqu'à la fin de sa vie, ses premiers travaux, ses premières journées sacerdotales, ses premières et douces joies de prêtre.

C'est un jour solennel que celui où, parvenu à mi-chemin de la vie, tout voile levé, toute incertitude dissipée, le front ceint de l'auréole sacerdotale, l'homme possède enfin le secret de Dieu sur lui, et dresse sa tente là où son cœur va s'épancher pour le bien et où toutes ses forces, comme tous ses dons, vont être dépensées largement, sans hésitation, sans réserve. L'abbé Liron avait senti et compris la grandeur de ce moment qui faisait époque dans sa vie ; il se mit généreusement à l'œuvre, et ne tarda pas à se montrer lui-même ; aussi produisit-il, dès son début, les plus heureux fruits de zèle et de salut. L'estime et l'amitié que lui avait vouées son vénérable Curé, sont devenues le digne éloge de ce prêtre jeune encore, mais doué de la prudence, de la sagesse et de l'intelligence d'un homme plus avancé dans la vie. Il fut tout à tous, comme sait l'être tout prêtre.

Les jeunes gens eurent, tout d'abord, ses plus bienveillantes sympathies ; il sut exercer envers eux ce noble patriciat dont la religion seule a le secret. Il était à eux, les recevait toujours avec cette bonté souriante qui le caractérisait ; s'entretenant longtemps avec eux, alors même que d'autres devoirs impérieux réclamaient sa présence ; il les aimait avec ce cœur noble et droit qui les gagnait à lui, qui fixait les incertitudes, et arrivait infailliblement à l'intimité de ceux qui subissaient son contact ; c'est qu'aussi une pensée aimable et douce à l'égard des autres, finit par s'empreindre dans la physionomie et par lui donner un cachet qui attire tous les cœurs ; au contraire, tout extérieur, même celui des têtes où respire le génie, laisse froid quand on ne peut y découvrir la bonté. Pour lui, il était paternellement bon pour ces jeunes âmes ; il savait partager leur vie, leurs espérances, leurs peines ; il s'associait généreusement à tout ce qui les touchait. Près d'eux il était toujours éloquent et sa parole ne manquait jamais de trouver le chemin de leurs cœurs.

Il écrivait un jour à l'un de ces jeunes gens : « La dernière fois que vous êtes venu » me voir, vous m'avez laissé triste, parce » que vous étiez triste vous-même, et que » vous avez refusé de me dire l'objet de votre » tristesse. Pourquoi agir ainsi ? Ne nous » connaissons-nous donc plus ? Qui donc a » soufflé ce froid dans votre cœur ? Et cependant, cher ami, j'aurais pu vous consoler, car » j'ai su depuis ce qui vous attristait ; j'aurais » tout fait pour vous éviter au moins la » moitié de votre peine, c'eut été beaucoup pour » vous et pour moi. Vous le savez, je porte vos » peines. Une autre fois, vous serez plus

» confiant et vous aimerez davantage celui » qui vous aime et peut se dire tout à vous. »

Un autre racontaît avec larmes, tout ce que ce bon cœur avait fait pour le retirer d'une difficulté dans laquelle il s'était fait comme enchaîner : « Je voulais, dit-il, et je » ne voulais pas ; j'étais malheureux, je souf- » frais ; il le savait bien ; je n'aurais eu qu'à » retourner vers lui pour être délivré, mais » je le fuyais ; j'avais peur ; j'aimais ma » souffrance tout en la maudissant... Pauvre » Père (je l'appelais ainsi), il me recherchait, » me poursuivait ; je le savais bien aussi » moi ; il m'avait fait presser et solliciter par » mes amis, de retourner vers lui... Enfin il » put un jour me saisir... il me dit peu de » paroles, mais beaucoup de choses par » son regard... Je fus vaincu ; et tout fut » terminé dans une étreinte de son cœur. Il » saura plus tard tout le bien qu'il m'a fait.

« B. C. »

Il le sait aujourd'hui qu'il est au ciel, aujourd'hui que son cœur si bon sur la terre, jouit maintenant dans la paix éternelle, de tous les trésors de mérites qu'il a amassés sur la terre.

Nommé aumônier de la prison de Châteaubriant, il donna, pendant plusieurs années, les soins les plus paternels aux malheureux détenus, dont plusieurs ont longtemps conservé de lui les meilleurs souvenirs, et lui ont dû, avec le retour à la liberté, un bienfait autrement inappréciable, celui d'un retour sincère au bien, à l'honneur et à la vertu. Il se trouva un jour que l'un de ces pauvres détenus, assez âgé déjà, ne voulut pas recevoir la visite de l'aumônier. Etait-ce la honte, ou une sorte de mépris que fait naître le vice, ou simplement le malheur qui fermait son âme, nul ne l'a su. Il avait occupé dans le monde une position qu'il ne nous est pas permis de nommer ; mais plus sa position l'avait élevé, plus sa chûte l'avait humilié, brisé, accablé d'un poids immense qu'il ne pouvait ni ne voulait soulever. Aussi refusait-il toute consolation et tout adoucissement, rejetant même la propositîon d'un recours en grâce. J'arriverai cependant, se disait chaque jour notre prêtre zélé ; plus il souffre, plus je lui dois et plus je donnerai ; plus il est malheureux et tombé, et plus je mettrai de bonté dans mes sollicitations. Il pria beaucoup pour lui et fut vraiment heureux, le jour où il put enfin arriver auprès de l'infortune et du désespoir. Un regard de son cœur, une affectueuse poignée de mains, une de ces paroles dites comme il savait les dire : Vous souffrez mon ami, je m'occuperai de vous, je reviendrai vous voir, à bientôt. Dès ce moment, la glace était fondue, toute barrière tomba, le malheureux put verser quelques larmes silencieuses dans sa triste cellule, où venait de se faire une apparition de la bonté ; il attendit, demanda même la visite, il était gagné et vaincu ; bientôt il fut réconcilié avec lui-même et avec Dieu.

La cellule du prisonnier fut dès lors fréquemment visitée ; ce n'était plus un étranger, un malheureux qu'il visitait, c'était un ami qu'il aimait à revoir, un réhabilité qu'il voulait chaque jour faire grandir ; deux cœurs s'étaient rencontrés et compris. Il aimait à rappeler ce souvenir de sa vie d'aumônier : « J'étais heureux de le visiter, ajoutait-il ; souvent mon vieux, (il l'appelait ainsi), me faisait pleurer ; nos conversations tenaient beaucoup de l'intimité, je savais toute son âme, et je lui tenais lieu de toute sa famille. » Tous les deux ont cessé de vivre ; au Ciel sans doute, tous les deux se sont rencontrés, l'un pour bénir son bienfaiteur, l'autre pour louer Dieu; tous deux pour se réjouir pendant une éternité.

Il aimait donc ces lieux, qui sont comme le purgatoire de la justice humaine ; il les aimait, parce que le malheur y habite, parce que le prêtre s'y trouve dans son milieu véritable, c'est-à-dire qu'il s'y rencontre avec la souffrance à soulager, avec l'infortune à consoler, avec l'homme tombé à relever, à ramener à sa propre dignité, en refaisant sa dignité sociale. Aussi voulut-il apporter tous ses soins à transformer la trop modeste chapelle où les détenus pouvaient assister aux offices ; il s'adressa à ses amis, fit appel à la charité de quelques âmes bienveillantes, fit même plusieurs voyages pour acquérir de nouvelles ressources et pouvoir parfaire son œuvre. Il réussit au-delà de ses espérances ; aujourd'hui, c'est un gracieux oratoire, sculpté, orné de peintures, décoré avec beaucoup de goût, qui remplace la première et trop modeste chapelle. Il voulait ainsi prouver à ses détenus combien il leur portait intérêt ; il espérait, par là, consoler plus facilement ceux qui souffraient, mieux prier avec eux et les exhorter plus éloquemment encore. Dans un oratoire bien orné, vraîment beau, fut-il même sous le toit d'une prison, l'âme s'y épanouit devant Dieu, le cœur s'y raffraîchit ; on y ressent un tressaillement de tout l'être qui fait que, humilié d'un côté, l'homme se trouve éminemment relevé, car il y est avec Dieu.

Cette construction n'était qu'un prélude ; une œuvre plus belle, plus grandiose, plus digne de Dieu, s'offrait également à son zêle ; il l'aborda résolument, avec toute son énergie, avec sa foi invincible ; il s'agissait de la construction de l'Église. Celle qui existait alors n'était plus suffisante ; une restauration ou amélioration quelconque n'eut obtenu un résultat ni satisfaisant ni complet ; et cependant c'était un beau spécimen des édifices romans ; de précieux souvenirs s'y rattachaient ; pendant de longues années elle avait reçu dans son enceinte les générations si catholiques et si pieuses de cette ville. Mais cette ville se transformait déjà et semblait vouloir prendre place parmi les cités importantes ; l'Église elle aussi devait être modifiée, refaite et rendue digne de cette nouvelle ville ; cette belle et noble entreprise allait avoir son commencement d'exécution.

A monsieur le Curé de Châteaubriant revient, de droit, le principal mérite de la belle construction que l'on admire aujourd'hui ; son zêle et son intelligence ont su faire des choses remarquables ; mais qu'il nous permette de redire ici à la louange du vicaire qu'il affectionnait, nous le savons, toute la part qu'il y prit, le désintéressement de tout lui-même qu'il sut y apporter, et, disons-le, l'adresse merveilleuse qu'il déploya dans cette circonstance. Du reste, nous le savons aussi, M. le Curé voulut se l'associer dans cette œuvre ; ayant su distinguer son mérite, il voulut lui faire partager la peine comme la gloire de cette œuvre remarquable.

Lorsqu'il se présentait, accompagnant son digne curé pour la souscription, il plaidait admirablement la cause de l'église, et par ses instances bienveillantes, il faisait souvent doubler le chiffre de cette souscription. Grâce à l'influence qu'il avait su acquérir et dont il se servait avec tant de délicatesse, les ressources augmentaient, les dons se multipliaient, et Monsieur le Curé, doublement heureux, dans ses démarches et dans celles de son vicaire, put voir grandir cette église, objet de tous les vœux.

Si nous ne craignions de citer des noms

qui veulent rester saintement oubliés, nous pourrions rapporter des faits qu'il nous a appris plus tard, et qui révélaient le bonheur qu'il avait éprouvé en se dévouant à cette œuvre, comme aussi les mille formes industrieuses que son zèle savait revêtir pour avoir quelques ressources de plus. L'intimité nous fit un jour obtenir le petit récit suivant :

« La nuit, je rêvais, dit-il, de notre belle » église ; une fois, c'était sans doute un songe, » je la vis cette église, grandie, ornée, riche» ment sculptée ; mais elle penchait, elle » menaçait ruine par un point ; une bonne » vieille la soutenait et et elle ne tomba pas... » Je crus à sainte Anne, je la priais si sou» vent ! Quelques jours après, j'eus occasion » de voir..., écrivons madame X..., vous vous » donnez, dit-elle, bien de la peine, monsieur » le Curé et vous, pour votre église. Vous » m'avez rendu bien des services, monsieur » l'abbé, je veux reconnaitre aujourd'hui » votre bonté... Voilà pour votre œuvre, priez » pour moi. La somme qu'elle me remit

» pouvait bien soutenir une partie de l'Église ;
» c'était mon rêve ! il y avait au moins de
» quoi fournir à la construction d'un pilier,
» en le prenant par la base. »

Il ne nous a pas redit tout ses songes, moins encore ses veilles et ses inquitéudes ; il ne nous a pas non plus raconté tous ses voyages, toutes ses peines pour l'Eglise, mais il est facile de s'en rendre compte. Quand une âme ardente, se met au service d'une cause, il faut qu'elle triomphe ; les difficultés ne sont rien, la peine n'est pas comptée, le sacrifice n'est pas marchandé; c'est Saint Paul et son *libentissimè impendam,* c'est-à-dire le dévoûment à tous les degrés. O Eglise de Châteaubriant, tu portes sur tes pierres le nom gravé de ton bienfaiteur ; tes pierres se sont transformées pour lui, et, devenues pierres précieuses, elles sont entrées dans la composition de sa couronne immortelle. Aussi comme il t'aimait!... comme ton souvenir faisait son bonheur.

Il était facile de voir, dans la franchise

de son regard, tout ce que le souvenir de cette époque de sa vie lui donnait de jouissance !... « Mon fils, mon fils, nous disait-il » parfois, avec l'expression de l'intimité, j'ai » fait pour elle plus d'un sacrifice, mais j'ai » placé dans mon âme, autant de joies qu'il » entrait de pierres dans l'Eglise. »

O saintes joies du prêtre !... O délicieuses souvenances pour l'homme du sacrifice ; il pouvait bien se répeter à lui-même le vers du poëte : *Et hæc olim meminisse juvabit.* Cette *joie* comme ce *souvenir*, lui étaient permis.

Et pourquoi ne le dirions-nous pas encore ? C'est par ses soins, par son habile entremise, qu'il put mettre la Fabrique de Châteaubriant à même d'acquérir la maison qui sert aujourd'hui de presbytère. Elle appartenait à MM. P. R.; nous pourrions les nommer à leur grande louange. Ce fait tout simple et tout remarquable, fut le résultat d'une longue préméditation et la preuve de la haute estime où le tenait cette famille, et du grand cas que l'on faisait autant de son talent que de sa vertu.

M. l'abbé Liron était devenu l'homme de tous ; il faisait le bien, non seulement parce que c'était son devoir, mais parce que c'était sa vie et son élément ; il allait chaque jour à la peine, au ministère, à la lutte, comme d'autres vont aux plaisirs, aux satisfactions, aux jouissances. Vivre, pour lui, c'était aimer Dieu, c'était aimer ses frères, c'était se dévouer.

Nous pourrions rappeler ici le jugement que portait sur lui l'un de ses amis intimes, ami de cœur parce qu'il avait su le comprendre, le guider et le soutenir : « Doué d'une » belle intelligence, M. l'abbé Liron possé- » dait le talent d'obliger et de consoler tous » ceux qui étaient dans la peine ; chose plus » rare, il le faisait avec la plus grande déli- » catesse, et comme à l'insu de ceux à » qui il faisait du bien. Extrêmement » affectueux et bon, on eût dit qu'il éprou- » vait le besoin de serrer sur son cœur les » personnes dont il avait pansé les plaies » ou essuyé les larmes. Il avait connaissance

» de sa valeur ; il ne cherchait pas à le nier, » mais en même temps il élevait ceux à qui » il s'adressait, de manière à les élever eux- » mêmes à leurs propres yeux, et cela sans » qu'ils s'en rendissent compte. En d'autres » termes, du tact, beaucoup de distinction et » un cœur vraiment noble. Ajoutez encore » un talent remarquable pour la parole ; les » hommes les plus indifférents aimaient à » suivre ses cours d'instructions ; aussi plu- » sieurs d'entre eux, jusque-là éloignés de » toute pratique religieuse et connaissant à » peine le prêtre, lui doivent-ils le bonheur » de croire et de vivre aujourd'hui comme » de parfaits chrétiens. Mgr Fournier, qui » l'avait plusieurs fois entendu (et Sa Gran- » deur, on le sait, était juge en pareille ma- » tière) l'appelait le Lacordaire du pays de » Châteaubriant. Je l'aimais de cœur comme » le meilleur ami, et il savait me le rendre. » Chose vraiment singulière, il sut tellement » entrer jusqu'au cœur de cette population, » que chaque personne, s'adressant à lui, se

» croyait l'objet d'une affection particulière.
» Ce sera un deuil quand il partira. — M. »

Il espérait passer encore de longs jours dans cette position où Dieu l'avait appelé ; il se trouvait heureux dans la voie de l'obéissance, et volontiers il serait resté là où il pensait avoir dressé sa tente pour bien longtemps ; mais l'heure allait sonner où la voix de son Évêque devait l'appeler à de nouvelles fonctions. Vers la fin de juin 1875, il recevait la lettre suivante :

« Mon cher abbé, je vous préviens que j'ai
» disposé de vous pour la cure de Saint-
» Etienne-de-Montluc ; votre Evêque compte
» sur votre zèle autant que sur votre sagesse
» pour remplir dignement ce nouveau poste ;
» je vous attends et vous bénis.

» FÉLIX, évêque de Nantes. »

Cette lettre vint briser bien des affections, mais ne fit naitre ni murmure, ni hésitation, ni trouble aucun. Comme il n'avait jamais eu de désirs d'avenir, son devoir, ses œuvres, les limites de son ministère, étaient devenus les limites de l'horizon de sa vie et de toutes les aspirations de son âme. Ses écrits intimes nous révèlent seulement, à cette époque de sa vie, des inquiétudes pour ce qu'il appelait sa faiblesse, sa misère :

« Il m'était plus sûr d'être en second, » écrivait-il à un ami ; je m'inquiète de me » trouver premier ; la question des responsa- » bilités en a effrayé de plus capables que » moi... J'ai su obéir, je ne saurai com- » mander : obéir est une vertu, bien com- » mander est un art ; ne l'a pas qui veut, » celui-là. Comment faire ?... Monseigneur ne » me demande pas si je veux, si je me trouve » capable ; il me dit : Vous irez. Il ne m'est » pas permis d'hésiter, mais il ne m'est » pas défendu de craindre. Saint-Etienne !... » Saint-Etienne !... Ce nom est venu me sur- » prendre ; il a produit en moi quelque chose » des effets de la foudre ; une commotion » tout d'abord, un saisissement, puis ce re- » gard de l'étonnement profond. Je me suis » considéré, comme pour voir si je n'étais

» pas blessé, si j'étais toujours moi-même...
» Une pensée m'a consolé, en même temps
» que celle de l'obéissance : Saint-Etienne !...
» c'est le nom de mon patron ; il me sou-
» tiendra, mais aussi il me donnera l'exem-
» ple, pourvu qu'il n'y ait pas en moi une
» hésitation provenant de la crainte du sacri-
» fice ou du travail ; je ne le pense pas, car
» ce matin je faisais mon oraison sur ces
» paroles familières à un grand Saint : Mon
» Dieu, mon âme et les âmes. Et j'ai dit :
» Mon Dieu ! j'irai, car c'est vous qui le
» voulez. » — Priez pour moi, je suis tou-
» jours votre tout dévoué. »

Il quitta donc Châteaubriant, laissant le devoir pour le devoir, allant où Dieu l'appelait, surtout où Dieu le voulait. Cette pensée de la volonté divine le rassurait plus que tout le reste. « Maintes fois, dit-il, j'avais passé, sur la voie rapide, devant cette paroisse de Saint-Etienne qui allait me devenir si chère !... Je saluais chaque fois l'ange de ces lieux ; j'adorais l'hôte divin de ce tabernacle ; pouvais-je penser qu'un jour je viendrais, comme pasteur, y dresser de nouveau ma tente ! Il eût pu ajouter : et m'incliner, peu d'années après, sous le poids de la souffrance pour descendre dans la tombe !...

Qui pourra redire les sentiments de cette âme de feu, à son arrivée dans cette paroisse de Saint-Etienne?.,. C'est la foi qui se grandit, c'est le dévoûment qui s'exalte, c'est l'affection qui entre dans le cœur, c'est la voie des âmes qui se donnent, c'est l'accent d'un père qui reçoit, qui aime, qui veut tout bien, même le sacrifice. Dieu vous demandera tout cela, Pasteur dévoué !... pendant cinq années, il exigera de vous, amour, prière, activité, travail, souffrances, tout, jusqu'à ce jour, où le sacrifice viendra sceller un tombeau, sur lequel sera déposé, comme une riche couronne l'amour de vos nouveaux paroissiens !..

C'est le 8 août 1875 qu'eut lieu la cérémonie de son installation, comme curé de cette belle et pieuse paroisse de Saint-Etienne ! elle était présidée par monsieur l'abbé Rousteau, vicaire général, et ami de cœur de monsieur l'abbé Liron. C'est quelque chose de providentiel que cette entrée de monsieur le curé dans sa nouvelle paroisse ; C'est le jour de l'invention des reliques de saint Etienne, patron de la paroisse, qu'il en prend possession ; lui-même, porte le nom d'Etienne ; le patron de la paroisse est également le sien ; l'un a été martyr, l'autre désire le devenir, au moins martyr de son devoir, du dévoûment, du sacrifice ; nous verrons que ce désir eut une sorte de réalisation; l'accomplissement du devoir, devait, quatre ans plus tard, lui faire revenir cette maladie qui occasionna sa mort.

Le clergé des environs était venu nombreux à son installation. Plusieurs amis, parmi les prêtres de son cours, s'étaient rendus près de leur confrère, pour lui donner, en cette circonstance, une preuve de plus de leur véritable affection.

Tout était touchant dans cette belle cérémonie : les chants, la réception du curé à la porte de l'Eglise, la lecture des lettres patentes, la prise de possession. Dans un excellent discours, où le cœur parlait plus encore que la pensée, monsieur l'abbé Rousteau fit comprendre à la population, ce qu'était le prêtre, et ce qu'était leur curé. « Je l'ai connu dit-il pendant sa jeunesse » cléricale; je l'ai connu pendant les premières » années de son sacerdoce ; dans ses peines » et ses joies, dans les espérances de sa vie, » et dans les labeurs de son ministère ; et je » puis le dire ici hautement, heureux de lui » rendre ce témoignage, je l'ai plutôt aimé » que connu ; et je sais quel trésor vous » recevez aujourd'hui ; Monseigneur vous » donne l'un des prêtres de son choix. » Et nous qui l'entendions, nous disions amen, à ces éloquentes paroles ; les trouvant d'autant plus éloquentes, qu'elles redisaient davantage la vérité, et ce que nous sentions nous-mêmes.

Quelques instants après, le nouveau pasteur monte en chair ; un certain frémissement court dans l'auditoire, qui attend, ému, les premières paroles de ce curé qu'il doit et veut aimer.

« *Ego libentissimè impendam, et superim-* » *pendar ipse pro animabus vestris* : Je don- » nerai très-volontiers ce que j'ai, et de plus » je me donnerai moi-même pour le salut de » vos âmes. Ces paroles empruntées au grand apôtre saint Paul, furent développées par lui de la manière la plus heureuse ; son éloquence si sympathique, si persuasive, alla droit au cœur de tout ceux qui l'écoutaient : « A » l'exemple du Divin Maître, le curé, ajouta- » t-il, est un homme qui doit se dévouer » d'esprit et de cœur, au bonheur de ses » paroissiens ; s'identifier tellement avec eux, » que leurs intérêts deviennent ses intérêts ; » leurs joies, ses joies ; leurs douleurs, ses » douleurs ; leurs misères, ses misères. Pas- » teur du troupeau, il doit sacrifier ses biens, « sa santé, sa vie même, s'il le faut. Père de » la famille spirituelle adoptée par lui, tout » ce qu'il a de temps libre dans sa vie, de » forces dans le corps, de facultés dans l'es-

» prit, d'amour dans le cœur, il doit le con-
» sacrer, le prodiguer au service de ceux
» que la Religion lui donne le droit d'appeler
» ses enfants.... Assurément, Mes Frères, ce
» n'est pas par ostentation, ni pour me mettre
» en parallèle avec l'Apôtre, que j'emprunte
» ici ses paroles ; je sens trop ma faiblesse
» et mes misères ; c'est parce que j'y trouve,
» parfaitement exprimés, tous les sentiments
» qui remplissent mon âme, et tous les désirs
» que j'ai de travailler à votre sanctification
» et à votre bonheur.... En venant parmi
» vous, je n'ai d'autre pensée, d'autre ambi-
» tion, que celle de mériter devant Dieu et
» devant vous, le titre de pasteur et de père ;
» ce sera là, l'objet constant de tous mes
» efforts. » (Extrait de son discours d'installation).

Ils le savent, aujourd'hui, les paroissiens de Saint-Etienne, si leur curé a été fidèle à ses promesses, s'il a su se dévouer, s'il les a estimés et aimés jusqu'à son dernier jour ? Nous avons été assez souvent le confident de ses pensées intimes ; assez de fois il nous a fait lire dans son cœur, pour que nous puissions affirmer hautement toute sa vertu, toute sa bonté, toute la sainteté de sa vie de prêtre et de pasteur ; au jour si triste de ses funérailles, il était facile de constater l'affection des paroissiens pour leur cher Curé ; leurs larmes témoignaient assez de leur douleur, de leur respect, de leur amour. Et rapprochant aujourd'hui par la pensée, ces deux époques de sa vie de curé, ces deux grands jours, celui de son installation et celui de sa sépulture, nous pouvons dire que l'un a été la confirmation de l'autre ; que le premier a été saintement couronné par le second ; que si l'éloge du prêtre installateur exprimait si bien *ce que serait* le nouveau curé, les pleurs, le deuil, la vénération des paroissiens, attestaient dignement *ce qu'il avait été,* et formaient le plus bel éloge du pasteur.

Au retour de l'installation, et durant le court trajet de l'église à la cure, une femme assez âgée déjà, voulut nous parler :

— Vous avez l'air de bien connaître notre nouveau curé, dit-elle ; vous l'aimez bien, puisque vous êtes venu aujourd'hui !

— Sans doute ; il est notre meilleur ami.

— Ah ! c'est que, voyez-vous, il ne faut pas longtemps pour apprendre à l'aimer ; comme il a bien parlé !

— Qu'avez-vous donc remarqué ?

— Eh bien ! j'ai remarqué une chose, et elle m'a fait pleurer : il a dit qu'il nous aimerait jusqu'à se dévouer et a se sacrifier pour nous.

— Mais cela réjouit et ne fait pas pleurer !

— Mais non, mais non ; il disait cela si fort, si bien, que j'ai pensé, moi : Nous ne l'aurons pas longtemps, ce bon Monsieur ; quand on dit si fort et si bien, on meurt bientôt : voilà pourquoi j'ai pleuré.

Triste pressentiment, terrible intuition des âmes pures !... Sa réflexion, nous l'avions gardée dans le secret, sans y attacher d'importance. Fallait-il qu'elle fût sitôt réalisée !

L'abbé Liron avait bien *dit* son discours

d'installation, il voulut ne pas tarder à le *faire* !... Ce qu'il avait dit et promis, il voulait l'entreprendre, le poursuivre et se dévouer. J'ai dit : *Libentissimè impendam*, se répétait-il souvent ; je me dévouerai, et cela chaque jour, et cela généreusement, *libentissimè.*

Nous ne pourrions redire ce qu'il a fait de bien, ce qu'il a entrepris, ce qu'il a exécuté, on le sait mieux que nous ; il est encore vivant dans sa paroisse, son souvenir est là, son cœur est là ; la mémoire des saints ne saurait périr. Essayons cependant de dire quelque chose pour la satisfaction de ceux qui l'ont aimé.

Tout d'abord, il avait pour sa paroisse, pour cette famille spirituelle confiée à ses soins, le *plus profond respect* ; il la respectait autant et plus peut-être qu'il ne l'aimait. « Comme c'est grand, une paroisse, disait-il, c'est la famille de Dieu, plus que la famille du prêtre !... Il faut plutôt la respecter que l'aimer ; la respecter par l'exemple des vertus, la respecter dans ses paroles, la respecter dans ses actes ; la respecter même dans ceux que l'on pourrait croire n'être pas bons, parce qu'ils font partie de la chose de Dieu, de cette propriété de Dieu qui est la paroisse. Nobles et touchants principes qu'il se plaisait à développer en lui, et plus encore à mettre en pratique.

Il respectait les petits enfants ; d'abord, à cause de leur innocence, mais aussi pour leur grande impressionnabilité : « L'enfant, dit-il, » fait ce qu'il voit faire, blasphème s'il entend » blasphémer, prie s'il voit prier, est vertueux » s'il a sous les yeux l'exemple de la vertu!.. » dès lors de quels respects ne devons-nous » pas l'entourer... » Aussi ne faut-il pas s'étonner de le voir souhaiter, par une petite lettre, la fête à un enfant de sept ans, qui le charmait par sa candeur : « Je te souhaite » d'aimer beaucoup Notre Seigneur ; d'être » bien obéissant, bien laborieux, bien aimable, » surtout bien respectueux envers Dieu, en- » vers tes parents, envers toi-même pour ne » pas faire le mal. »

Les jeunes gens, disait-il, ont droit à notre respect ; ils sont plus que tout autre dans la lutte chrétienne ; un mot, un seul, peut les jeter hors de la voie, peut fermer leurs cœurs, et rendre bien difficile un retour au bien.

Il avait une sorte de culte pour les pères et mères de famille ; à ses yeux c'était la partie vivante et active de l'Eglise, les dépositaires de l'autorité de Dieu dans la famille, les créateurs et directeurs de la société par la famille ; plus leur mission est grande sur la terre, plus je leur dois de respects. C'était le respect, autant que l'affection qui l'inspirait dans les visites qui leur faisait, dans les relations qu'il pouvait avoir avec eux. « Vous comme moi, disait-il à l'un d'eux, nous sommes prêtres, vous pour votre famille, moi pour la paroisse ; le prêtre instruit, vous devez instruire vos enfants ; il forme les âmes au bien, vous devez former celles de vos enfants ; mon ami, mon ami, être père de famille c'est une grande chose ; aussi quel malheur si le père s'oublie et manque à son devoir !

Le vieillard, il l'entourait de respect et de vénération ; sa place disait-il, est partout la première, au foyer de la famille, comme dans le conseil. J'aimais, disait-il, dans mes courses aux malades, ou dans la paroisse, rencontrer un vieillard sur ma route ; il me plaisait de descendre de voiture pour converser avec lui : lui offrir une place si c'était possible ; et prendre au besoin ses conseils ; le don de Dieu au vieillard, ajoutait-il, c'est la sagesse, parce que l'âge le rapprochant de l'Eternité et par la même de Dieu, il reçoit plus de raison, plus de prudence.

C'était un soir de novembre, monsieur le curé, venait d'atteindre le sommet de la côte escarpée aux pieds de laquelle est assise la paroisse de Saint-Etienne ; il se rendait près d'un malade ; tout-à-coup il aperçoit un homme âgé qui marchait avec beaucoup de peine et semblait souffrir :

— Qu'avez-vous, lui dit-il, et avant la réponse, il était descendu.

— J'ai fait une chûte, j'ai mal, mais ce ne sera rien.

— Cher ami, je vous emmène, montez avec moi.

— Mais ce n'est pas votre chemin.

— Qu'importe ! voyez, mon cheval est fort.

Il n'est pas d'égards, de petits soins qu'il n'eût pour lui pendant le parcours.

— Monsieur le curé, monsieur le curé, vous êtes trop bon pour moi; c'est assez loin.

— Allons jusque chez vous, je veux vous remettre à vos enfants; le temps est dur, vous êtes blessé, vous êtes vieux ; je les aime tant les vieux !

— Dites plutôt que vous nous aimez bien tous ; nous le savons bien.

Et il pleurait de joie, ce pauvre vieillard. Je le confiai à ses enfants et repartis heureux pour aller voir mon malade.

Dans la lettre où nous trouvons ce trait, il ajoute, j'étais heureux, moins pour avoir été bon, tout le monde en eut fait autant, mais parce que j'avais témoigné du respect à ce vieillard. Touchant sentiment de l'âme et qui honore grandement celui que nous pleurons.

Mais, où son respect a été touchant, c'est dans ses rapports avec monsieur l'abbé Guihéneuf, ancien curé de Vue, retiré à Saint-Etienne, et déjà septuagénaire ; il l'aimait, sans doute à cause de sa grande bonté, mais surtout il professait pour lui le plus profond respect : « C'est un prêtre, disait-il, il a » vieilli au service de Dieu, c'est un Légion- » naire de l'ordre sacerdotal, cette décoration » n'est-elle pas digne d'envie !... Bon Père » Guihéneuf, je l'aime, c'est vrai, mais je le » respecte plus encore. » Il n'est pas d'attentions et de soins qu'il ne lui ait prodigués ; rien n'était trop beau ni trop bon pour lui. Aussi, on se le rappelle encore, lorsqu'un matin, revenant du cimetière où il avait l'habitude d'aller réciter son office, et se disposant à prendre son modeste déjeûner, ce bon vieillard pâlit tout-à-coup, s'affaissa tremblant sur un siége, on voit bientôt l'abbé Liron accourir, à la première rumeur de l'accident ; il l'assiste avec une piété toute filiale et respectueuse..., sollicite sa dernière bénédiction comme étant celle d'un vieillard et d'un prêtre mourant... recueille pieusement son dernier soupir... s'agenouille..., prie pour celui qui n'est plus, et tombe lui-même dans le plus profond chagrin. « Je porterai son deuil, » disait-il, c'était un père que je respectais. » Ce deuil porté religieusement, ce chagrin réel, cette douleur si vraie, la paroisse a pu le constater ; mais ce qu'elle a vu aussi, ce qu'elle a pu admirer, c'est ce respect qu'il professait pour ce digne et saint prêtre.

C'est sous l'inspiration de ce grand principe du respect qu'il entreprit toutes les œuvres de sa paroisse ; et qu'il voulut agir dans tout l'exercice de son ministère... Aussi le succès répondit-il toujours à ses efforts.

A Saint-Etienne comme à Châteaubriant, le soin des jeunes gens devint son œuvre de prédilection : « On peut tout entreprendre avec eux et pour eux, disait-il, parce que là est la vie, là est la lutte, là est le besoin d'action : continuons l'action de la famille, ou plutôt essayons de la compléter. » Il était le véritable apôtre de la jeunesse ; Dieu lui avait donné pour cela cette inimitable fraîcheur d'idées, d'imagination, de langage, qui agissaient irrésistiblemen sur les jeunes esprits et les entraînaient vers le bien ; il attirait les jeunes gens par sa bonté et par son cœur ; mais s'il les respectait, il savait faire toujours respecter en lui le prêtre ; science difficile, quand il s'agit du contact avec la jeunesse ; car si cette même jeunesse veut que le prêtre tienne pour quelque chose l'amitié, elle ne saurait se contenter de la fausse douceur d'une onction de circonstance, il faut que celui qui l'appelle, sache maintenir l'ascendant du respect, et unisse à sa bonté ce quelque chose de divin qui s'impose et maintient.

La dénomination de : *Bon enfant,* est voisine de l'ironie et détruit souvent la confiance ; ce serait une illusion de croire qu'on gagne la sympathique confiance des jeunes gens par le sacrifice de la part divine et austère du sacerdoce ; le jeune homme veut voir briller dans le prêtre la triple auréole de la paternité spirituelle, du sacerdoce et de la sainteté.

Il l'avait cette science difficile, il aimait et il en imposait ; il avait reçu de Dieu dans une égale mesure, cette grâce naturelle qui fait les hommes, et l'onction surnaturelle qui fait les saints. Aussi avait-il réussi dans son œuvre. Les jeunes gens se plaisaient à se réunir à la cure, sous sa direction, le dimanche et souvent pendant la semaine ; il avait fait disposer pour eux une grande salle, où ils se trouvaient comme chez eux. C'était un véritable Toutes-Joies ; Toutes-Joies pour lui, Toutes-Joies pour ces jeunes gens. Là, ils pouvaient trouver tout ce qui peut délasser le corps, recréer agréablement l'esprit et faire vivre le cœur ; la musique, les jeux, les conversations, leur procuraient les plus agréables passe-temps ; ajoutons qu'il trouvait dans ses deux vicaires, le concours le plus sage et le plus dévoué. Quelques paroles d'encouragement venaient toujours réveiller le zèle de chacun de ces jeunes gens ; les conseils les plus salutaires leur étaient largement donnés. Le conseil d'un ami sage est le vrai flambeau de l'âme. Souvent un pieux entretien, gai, vif, chaleureux, leur rappelait les principes du devoir et ranimait leur piété.

Le souvenir est trop récent pour que nous puissions citer des faits ; la discrétion s'impose comme un devoir. Disons seulement, ce qui, un jour, nous avait touché en lui : il était au milieu de quelques amis dont il faisait la joie, et recevait les meilleures preuves d'affection ; vous ne partirez que demain, lui disait-on, restez ce jour encore avec nous : « Je ne le puis, c'est dans deux » jours, une fête pour mes jeunes gens, je » veux essayer de les préparer à une bonne » communion ; qui donc pourrait dire les » conséquences d'une communion de moins » dans la vie d'un homme, surtout dans la » vie d'un jeune homme. » Aussi avait-il, par son amour et son dévoûment pour eux, acquis le droit de leur dire : « Mes enfants, si mes forces s'épuisent, si je succombe, ce sera à votre service. » Pourquoi faut-il qu'une mort prématurée soit venue arrêter son œuvre, ou plutôt les projets d'amélioration qu'il nourrissait !... Sa double ambition était de pouvoir réunir tous ses jeunes gens, mais Dieu le trouvait digne de la récompense, il l'a appelé.

Ce dévoûment pour la jeunesse, il l'étendait également à ses tout jeunes enfants : « Mes petits enfants, disait-il, sont mes grands soucis !... il faut que je les appelle sans cesse, que je les garde, que je les entoure !... » En effet l'enfant ne peut rien par lui-même, il ne sait pas encore la vie ; il reçoit les premières impressions d'une raison qui ne saurait le conduire... Mais il est attentif, il écoute, il regarde ; sur toute chose il veut la solution d'un pourquoi... Plus encore, par nature il s'offre de lui-même à ceux qui l'entourent ; il demande à grandir, à vivre, et par suite à être formé, dans son esprit, dans sa volonté, dans son cœur. Par son activité ardente, impétueuse, il développera tout seul les forces de son corps ; mais s'agit-il de son âme, de ce par quoi il doit devenir un homme, il ne peut rien par lui-même. C'est alors le travail extérieur, c'est la voix d'un maître, c'est l'éducation de la famille, c'est l'influence salutaire et l'enseignement moral du pasteur que l'enfant réclame ; il s'appuiera sur tout ce qui lui semble un soutien ; il suivra celui qui lui apparaîtra comme un guide, il écoutera toute voix qui ressemblera à la voix d'un maître.

Il savait tout cela, notre vénéré curé, et c'est parce qu'il en était convaincu, que son âme en était soucieuse, et qu'il fit appel à toutes ses forces, à toutes ses ressources, pour prendre en main l'éducation et l'instruction de ses chers enfants, pour y donner une direction sûre, y imprimer un mouvement vers le bien, et assurer une véritable formation chrétienne.

Les classes pour les petits garçons étaient plus qu'insuffisantes ; les maîtres comme les élèves y souffraient ; il fallait remédier à ce mal ; c'était difficile, mais il sut lutter ; il fut longtemps aux prises avec ce qu'on lui représentait comme une impossibilité, mais son génie était là ; il voulait, il réussit. Il rencontra un ami précieux et sut mettre la main sur lui ; cet homme aimait l'enfance, il lui avait consacré sa vie, son intelligence et son cœur. Joseph C***, en religion, frère Ath, mit généreusement à la disposition de monsieur le curé une somme d'argent qu'il possédait ; quelques autres personnes vinrent également à son aide en lui offrant d'assez fortes sommes. Nous voudrions pouvoir redire leurs noms ; disons seulement leurs bienfaits, et remercions-les de leur générosité ; Dieu les connait et la paroisse bénit leur mémoire. Il allait pouvoir commencer, tout était prêt... l'autorité civile elle-même fut toute sympathique à son œuvre.

A mi-chemin du côteau du Gohard, dans un site charmant, où l'air est pur, l'espace libre et agrandi, s'élève aujourd'hui une superbe construction ; elle est grâcieuse, vaste, parfaitement orientée ; tout y est complet ; c'est le pensionnat et l'externat que rêvait et voulait notre digne curé ; son nom est : *Le Rozaire*, c'est son œuvre par excellence ; c'est le repos de sa vie.

Désormais il est rassuré sur l'avenir de ses chers enfants ; là, en effet, sous l'habile direction de maîtres aussi sages qu'éclairés, les enfants reçoivent largement cette double formation de l'esprit et du cœur, l'instruction et l'éducation. Comme un pasteur vigilant, il suivait attentivement le progrès de ces classes, les visitait fréquemment, et se mêlait paternellement aux enfants, tellement que l'on pouvait dire qu'il était comme l'âme de cette maison. C'est qu'aussi, là étaient ses enfants, là grandissaient ceux qu'il appelait sa paroisse future ; là se trouvaient ceux qu'il devait surtout protéger.

Sa sollicitude n'était pas moins grande pour les classes des petites filles, placées à une autre extrémité de la paroisse. Il savait trop quelle haute importance il faut attacher à l'éducation des jeunes filles, en raison de l'influence qu'elles sont appelées à avoir dans la société, lorsqu'elles ont grandi et pris place à un nouveau foyer. Il les visitait avec soin, les encourageait vivement, stimulait leur zéle par l'appât des récompenses, et il veillait avec un soin extrême à leur formation spirituelle.

Si ce zélé pasteur avait su trouver des personnes bienveillantes qui avaient daigné contribuer pour une large part à la construction et à l'amélioration des établissements fondés pour la jeunesse, lui aussi, nous pouvons le dire avec connaissance de cause, est allé jusqu'au sacrifice : « Là, nous disait-il, je puis vraîment dire : ma chère maison, et ici, avec plus de vérité, je puis me servir de ces expressions : mon très-cher établissement. Mais, ajoutait-il, si j'ai donné, j'ai plus reçu encore : j'ai sacrifié quelques sommes, mais que de satisfactions me sont venues, que de joies douces j'ai éprouvées. Chaque fois que ma vue ou ma pensée se reportait vers le Gohard ou vers les salles du Toutes-joies, j'y voyais, par les yeux ou par le cœur, mes chers enfants, mes bons jeunes gens, et, je puis le dire, j'étais heureux de ce bonheur pur que donne le bien accompli ».

Inspiré toujours par son double principe du respect et de l'affection, il se donnait avec tout le dévoûment de son âme ardente, à l'œuvre des Catéchismes ; là, sous un autre aspect, il retrouvait la formation de l'enfance et de la jeunesse, là aussi son zèle savait se multiplier et se dépenser. « Dans ce jeune enfant dont la raison s'éveille, il faut, disait-il, voir quelque chose de grand ; ce fils de l'homme, est en même temps fils de Dieu ; en lui toute raison, toute intelligence est encore dans un demi-sommeil, mais dans cette frêle créature, que de forces ! que de puissances ! que de germes appelés à l'épanouissement et à la vie, c'est l'image de Dieu même imprimée dans cette jeune âme, invisible encore, mais qu'il faut faire resplendir ; il appartient aux maîtres de développer l'intelligence au point de vue de la science, à vous parents de donner la formation au cœur, mais à nous, pasteurs, d'illuminer dans vos enfants la foi du baptême, de leur donner la connaissance de Dieu et de leurs devoirs, d'en faire des chrétiens. » (*Extraits d'une de ses Conférences aux parents*).

Oh ! combien cette idée le dominait ! et lui faisait compter pour rien toute fatigue, quand il s'agissait d'instruire ses chers enfants, d'éveiller en eux l'idée de Dieu, de leur apprendre, par l'explication du catéchisme, à être de véritables chrétiens : « Mais tout l'avenir de l'homme est là, disait-il ; il ne sera un homme et un chrétien, qu'autant qu'il aura été nourri par un enseignement sérieux du catéchisme. »

A partir du temps de Pâques, il voulait se charger lui-même du catéchisme, pour satisfaire son zèle, mais aussi son devoir ; le moment des communions approchait ; il voulait être là comme préparateur principal, à l'exemple du divin sauveur qui, venu pour sauver les hommes, s'occupe avant tout des

petits enfants ; il les aime, les recherche et les instruit ; son père céleste ne voulant pas qu'un seul de ces petits enfants périsse. Il se rappelait souvent ce passage d'une instruction du grand Evêque d'Orléans, Mgr Dupanloup : il s'adressait à ses prêtres : « Dans ma lon-
» gue carrière de prêtre et d'évêque, j'ai
» beaucoup prêché, j'ai vu de grands audi-
» toires, d'immenses assemblées de fidèles,
» recueillis autour de la chaire sacrée ; j'ai
» vu parfois aussi, les grands fruits de la
» parole sainte, l'émotion des cœurs, des
» conversions extraordinaires ; je vois chaque
» année à Orléans, cette grande retraite de la
» semaine sainte, magnifique et touchante
» manifestation de la piété catholique; et
» néanmoins, je dois l'avouer, rien de tout
» cela n'est *comparable, pour moi*, aux souve-
» nirs, aux inspirations du catéchisme pré-
» paratoire à la première communion. Nulle
» prédication, si solennelle qu'elle soit, nul
» ministère si consolant qu'il puisse être,
» *ne peut*, à mon sens du moins, *égaler celui-*

» *là* parce que, aux catéchismes préparatoires, » il y a comme *nulle part ailleurs*, les âmes, » et Dieu dans ces âmes. » (1) Il avait senti et compris toute l'importance de la doctrine de ce grand Evêque !... Qui donc oserait contester l'évidence et la vérité de cette doctrine !... Oui, il l'avait comprise et il s'était fait un devoir sérieux de la mettre en pratique. Aussi était-ce son œuvre de prédilection ; il préparait sérieusement ses instructions, nous en avons la preuve, puisque nous y lisons cet autre passage du même Evêque : « La communion est l'œuvre par excellence dans la » vie de l'homme ; la première communion » est le moment incomparable ; œuvre sacrée, » divine, attendrissante entre toutes !... car » c'est la première rencontre, le premier » rapprochement d'un jeune cœur et de » Dieu !... C'est alors que Dieu retrouve sa » plus chère créature, et que cet enfant trouve » son père et son Dieu pour la première fois !

(1) Mgr Dupanloup. — Entretiens sur le catéchisme, 4e entretien.

» Mais préparer une telle chose, amener peu
» à peu, à travers toutes les luttes intérieures,
» ces cœurs d'enfants aux dispositions néces-
» saires, pour que les grâces de la première
» communion et aussi ses joies soient com-
» plètes, quel ministère !.. quelle œuvre !..
» quelle action !... » On conçoit que, nourrie d'une pareille doctrine, cette âme ardente se donnât toute entière à cette œuvre si belle, et qu'il fît de cette œuvre l'une des obligations les plus sérieuses, comme les plus importantes de son ministère. Il s'y livrait donc tout entier, mais aussi avec le succès le plus complet. Les premières communions de ses enfants étaient le triomphe de son ministère, et la grande joie de son cœur.

Son zèle ne se bornait pas à ces catéchismes préparatoires à la première communion ; il s'était dit qu'une œuvre non moins importante et tout aussi fructueuse, était celle des petits catéchismes, dans lesquels, réunissant les tout petits enfants, de sept ans à neuf ans, on leur apprend à aimer Dieu, à le prier, et à le connaître ; les exhortations y sont plus paternelles, les prières dites avec plus d'abandon, et l'enseignement donné avec plus d'adresse, plus de douceur et surtout plus de simplicité. Il excellait encore dans ce genre, on peut le dire ; les petits enfants étaient heureux d'aller l'entendre ; ils l'*adoraient* suivant l'expression trop forcée d'un témoin. « C'est qu'aussi il y » apportait tant de grâces ! tant de soins ! » tant de délicatesse, tant de bonté et de » touchantes attentions, dit le même témoin, » qu'il était impossible que ces enfants ne » fussent pas gagnés et ravis. »

S'il avait voulu prendre sur lui ce soin, parfois ingrat ou plutôt difficile ; s'il n'avait pas craint de charger par trop son ministère déjà si rempli, s'il n'avait pas hésité, comme il le disait, à hypothéquer ses heures de travail, pour se donner à ces tout petits enfants, c'est qu'il comprenait la haute importance de cette première éducation : « Trop heureux serons-nous, disait-il, si en commençant si tôt, nous arrivons les premiers auprès de ces jeunes cœurs !... Trop heureux si nous entrons dans leur âme, avant que le mauvais conseil, que l'exemple du mal, ne soient venus détruire la première innocence !... Trop heureux mille fois, si, prévenant les funestes effets d'un vice précoce, nous parvenons à préserver ces jeunes enfants de la contagion du mal ! »

C'est là que le prêtre trouve le moyen de disputer les enfants, tout à la fois à l'ignorance des choses saintes et au vice. Sans doute il faut des soins spéciaux, un dévoûment particulier ; il n'y a rien pour l'esprit, mais tout est pour le cœur ; c'est qu'aussi, sans amour, c'est un mortel ennui de s'en aller dans de tels catéchismes, murmurer une langue d'enfants, une langue mutilée, tronquée, bégayante ; mais comme les résultats compensent amplement la peine ! Comme le cœur du prêtre y trouve un véritable dédommagement !... et surtout comme l'idée du devoir vient heureusement alléger toute peine, toute fatigue, toute lassitude !...

Il nous parlait un jour avec une sorte d'enthousiasme de ses catéchismes de persévérance ; et l'on sait qu'il s'y donnait avec bonheur, avec zèle, et même avec une grande ardeur ; il nous est facile de redire sur ce sujet sa pensée intime, sinon ses paroles, il nous en avait souvent entretenu : « L'éducation chrétienne que nous avons à faire, comme pasteurs des âmes, c'est dans l'ordre des choses religieuses, l'éducation complète, solide, achevée de l'*esprit*, du *cœur* et de *toute la vie* !... Mais pour qu'elle soit telle, il ne faut pas se borner à l'éducation de l'enfance, ni aux catéchismes de première communion ; il faut atteindre l'adolescence et la jeunesse ; à cet âge l'esprit est plus développé, plus pénétrant et comprend davantage les vérités chrétiennes ; il faut saisir le cœur, par l'enseignement divin, à ce moment où il est plus agité, c'est vrai, mais aussi plus ferme, plus viril et plus armé pour le combat, s'il est vraiment pénétré de la science évangélique. Qu'arrive-t-il trop souvent, quand l'enfant est comme délaissé après ses deux premières communions ! L'expérience nous montre à tous que les mauvais exemples, les compagnies, les conseils pervers ont bientôt tout dénaturé ; l'enfant devenu jeune homme, sait encore peut-être, mais il oublie, surtout il ne pense plus, ou encore il cherche à étouffer ; il faut lui rappeler la doctrine, lui rappeler le devoir, lui redire plus en détail ce qu'il n'a pas assez compris, ce qu'il est désormais plus apte à saisir. C'est aux réunions du Toutes-Joies ou aux associations d'Enfants de Marie, que le pasteur peut dignement et avec fruit faire cette œuvre complémentaire et indispensable ! Le même enseignement donné en chaire, à toute la paroisse, n'obtient pas le même résultat ; il faut l'enseignement privé, spécial, il faut que la jeunesse puisse dire : c'est pour moi. »

Heureux curé qui comprenait si saintement son devoir et l'accomplissait si largement, si dignement. Aussi quels heureux fruits en retirait-il, quelles consolations dans son ministère.

Un témoignage de sympathique douleur, offert à leur curé défunt, par les jeunes filles de la congrégation des enfants de Marie, est une preuve évidente de tout le bien fait à ces âmes ; c'est en effet un acte de reconnaissance, et la reconnaissance suppose toujours un bienfait, un dévoûment, un service rendu. Une magnifique couronne de perles blanches, à la forme gracieuse, et enrichie de pendentifs nacrés, devait être déposée pieusement sur son tombeau ; on y lisait comme exergue, ces paroles, aussi belles que touchantes : A monsieur Liron, curé de Saint-Etienne-de-Mont-Luc, les Enfants de Marie.

Un autre témoignage, d'un ordre plus élevé et attestant également un heureux résultat de son dévoûment à la jeunesse, c'est la lettre que lui écrivait monseigneur l'Evêque, à l'occasion des soins, donnés par ce digne curé, à l'éducation cléricale de monsieur l'abbé P. son paroissien : « Monsieur le Curé, je vous » autorise volontiers à continuer la bonne » œuvre que vous avez commencée ; le jeune

» abbé auquel vous portez un si tendre et si » paternel intérêt, pourra, je l'espère, parvenir » bientôt au sacerdoce; et ce sera pour vous, » monsieur le curé, une douce consolation » de penser que vous avez contribué effica- » cement à procurer à mon cher diocèse de » Nantes, un bon prêtre de plus. » Si nous n'adorions pas, en toute humilité, les desseins secrets de Dieu sur nous, nous serions tenté de redire encore : pourquoi une mort si prématurée, est-elle venue ravir un tel pasteur à l'affection si vraie de ses paroissiens !...

C'est qu'aussi il la méritait cette affection, de la part de ceux qu'il aimait tant lui-même!... Demandons-le aux pauvres de sa paroisse, à ceux qui dans une position plus humble reçoivent un bienfait plus caché, mais toujours connu des anges !... il les aimait les pauvres de sa paroisse !... et comme un autre Ozanam, il les traitait avec le respect le plus affectueux ; venaient-ils chez lui, il les faisait asseoir comme des hôtes de distinction ; allait-il chez eux, après leur avoir donné son argent, sa parole et ses soins, il aimait, en les quittant, à leur redire avec un salut gracieux : Je suis votre serviteur. Un malade pauvre était l'objet de sa prédilection et de ses soins attentifs ; et s'il ne le soulageait pas de sa bourse, autant qu'il en avait besoin, c'est que ses ressources ne permettaient pas à sa charité d'aller aussi loin que son cœur. Nous pourrions citer des traits nombreux de son amour pour les pauvres ; ce serait révéler ce qu'il a voulu laisser inconnu ; il voulait que sa charité fut aussi humble qu'affectueuse. Il avait le regard de Dieu, cela suffisait à son âme !... Un jour cependant, racontons ce seul trait, il fait la rencontre d'une pauvre vieille femme ; son foyer était froid, l'hiver était rigoureux, plus rien pour entretenir un peu de feu dans l'âtre. Elle avait avisé un marchand de bois, et s'efforçait, tantôt par sa timide éloquence, tantôt par quelques promesses hasardées d'un payement prochain, de toucher l'incrédule détenteur de bois... un dernier refus fut la dernière parole de cet homme ; il allait s'éloigner, et la vieille rentrer tristement dans sa demeure humide et froide, quand survient son curé ; d'un regard il comprend la position ; quelques larmes de cette infortunée lui avaient tout appris : il fait bien froid, dit-il, et je suis sûr que vous n'avez plus de bois ; pauvre mère une telle... allons, allons ne pleurez plus. Faites un peu de feu à votre foyer, je vais m'y réchauffer avec vous. Pour vous, dit-il au marchand, laissez ici tout ce que vous conduisez de bois. Je vous le payerai moi-même. Et il entra sous l'humble toit de cette pauvre femme, resta quelques temps avec elle, pour l'encourager à souffrir et la laissa heureuse et soulagée.

Si notre digne curé avait tant d'estime et de dévoûment pour les pauvres, il ne portait pas moins haut la charge sainte qui incombe au pasteur de visiter les malades ; il regardait ce devoir comme la partie essentielle et majeure de son ministère ; il y voyait, comme prêtre et comme pasteur, une obligation tellement sainte, tellement sacrée, que pour lui santé, force, intérêt, exercices quelconques du ministère, tout devait céder, quand la voix du malade ou du mourant appelait. Manquer à ce devoir était évidemment pour lui chose irréparable, puisqu'une négligence, une omission, un refus, même motivé, peut avoir sur ce point les conséquences les plus terribles et entraîner la perte d'une âme !... d'une âme, dont le prix est le sang d'un Dieu !... Ces derniers jours de la vie, ces dernières heures dans l'état de cette liberté où l'âme mérite le ciel, ou se perd, constituent pour chacun de nous la lutte suprême dont l'Eternité est le prix !... Il savait aussi combien la vue du prêtre console les malades ; sa parole douce, son ministère sacré, l'immense bienfait du pardon qu'il accorde à l'âme, sont des biens si précieux, qu'il voyait une sorte de cruauté à priver un malade de cette consolation inappréciable ! Le malade pouvait donc l'appeler, le moribond pouvait réclamer son pasteur, il était prêt, toujours prêt, et prêt jusqu'au sacrifice !... Et la preuve, nous l'avons aujourd'hui :

C'était un soir de décembre, le temps était froid, la neige tombait, un vent glacial soufflait avec violence... Déjà la nuit était venue.., On l'avertit que... telle personne est mal, très mal!... Cependant la famille ne l'a pas fait prévenir, le malade ne l'a pas demandé ; le danger dès lors n'est peut-être pas si grand!... J'irai... non, je vais... s'il allait mourir!... Et il part.... à pieds...

Une distance de trois kilomètres le sépare de son cher malade... il se hâte... arrive, mais tout en sueur. Il console son malade, lui prodigue ses soins, reste longtemps près de lui... temps bien court pour le mourant qui ne sait comment le remercier, mais temps trop long pour ce généreux pasteur. Le froid l'avait saisi et le saisit davantage à la sortie de la maison. Peu de jours après, il est pris d'une toux sèche et opiniâtre ; une forte bronchite se déclare ; il tombe gravement malade ; pendant plusieurs semaines, il reste cloué sur son lit de souffrance ; il est forcé de garder la chambre. Sa privation n'est pas celle de sortir ; son chagrin n'est pas celui de souffrir ; il s'inquiète, non pas pour lui ni sur lui, mais pour ses pauvres... pour ses malades... Il ne peut plus rien pour eux... c'est sa plus grande souffrance ; vénéré pasteur, vous vous consumez, mais Dieu prépare votre récompense ; quand le fruit est mûr, le Maître le détache ; quand le prêtre est plein de mérites, Dieu l'appelle, malgré les prières, les désirs et les larmes de ceux dont il fait le bonheur !...

La maladie se prolongea, et loin de diminuer, elle passa à la période aiguë, en se compliquant d'une seconde maladie qui, pour lui, devint une infirmité. Le soldat de Jésus-Christ était abattu !... il ne pouvait plus ni veiller ni combattre ! Le prêtre de Dieu était tombé !... mais tombé dans l'acte du devoir, dans l'héroïsme du dévoûment, dans l'accomplissement du désir de l'apôtre : *Super impendar ipse* ! Il avait été prophète au grand jour de son installation !... et comme Saint-Etienne, son glorieux patron, il allait devenir martyr, non de la torture et du sang, mais martyr aussi noble, aussi grand... martyr du devoir et de la charité.

Pendant le carême qui suivit, il ne put ni confesser, ni prêcher ; quelqu'un vint, j'allais dire à sa place ; non, un tel prêtre, un tel pasteur ne se remplace pas !... Il vint prêcher, puisqu'il ne pouvait plus le faire ; il vint confesser, s'asseoir pour pardonner, là où il confessait et pardonnait au nom du Seigneur !

C'est qu'aussi chaque carême était, pour ce vénéré Pasteur, un triomphe, un bonheur, une joie de cœur... Si à Châteaubriant ses prédications avaient produit de merveilleux effets, si sa voix éloquente avait ramené des pécheurs et touché quelques âmes éloignées de Dieu, là cependant il n'agissait pas comme père et comme pasteur, il ne disait ni ne sentait pas de la même manière ; son cœur n'était pas autant au service de sa grande voix, de sa noble éloquence !

A Châteaubriant il avait été, suivant l'expression de Mgr Fournier, le Lacordaire du pays ; à Saint-Etienne , il était revenu à ses premières ardeurs de rhétorique ; il était redevenu l'O'Connell de sa jeunesse ; comme son héros , il voulait la transformation de ses enfants ; mais cette transformation du chrétien dans l'amour de son Dieu ; cette transformation de l'âme au service du Seigneur, cette liberté de l'homme marchant dans la voie du ciel, en secouant le joug des passions... La pensée de sauver les âmes allait jusqu'à lui faire éprouver une sorte de torture ; il voulait les sauver, et les sauver toutes ; et cette grande volonté donnait à sa parole des accents merveilleux qui ranimaient les tièdes, suréxcitaient les bons , et opéraient toujours quelques conversions.

« Que sa parole était ardente , nous disait
» un témoin assidu de ses prédications ; sa
» foi se traduisait dans un langage tellement
» communicatif , qu'il fallait céder à son
» exhortation ; son cœur, ou plutôt sa prière,
» s'épanouissait dans une méditation , ou
» dans un sermon, d'une manière si entraî-

» nante, qu'on eût dit qu'il allait commander
» à Dieu, en demandant le salut de ses frères.
» Si je suis dans la voie du bien, ajoutait ce
» même témoin, si j'ai quelque vertu, je le
» dois à sa parole convaincue, à ses instruc-
» tions touchantes, à son langage paternel et
» irrésistible. »

Ce don de la parole qui paraissait en lui si facile, si naturel, était cependant, disons-le, le fruit de l'étude et d'un travail aussi assidu que patient. Il puisait, il est vrai, aux sources les meilleures ; il y puisait, non pas superficiellement, mais sérieusement, mais par une insistance continuelle. Quand il s'adressait à ses enfants de Toutes-Joies, tout paraissait naturel et facile ; quand il parlait avec tant d'abandon à ses jeunes associées de Marie, les paroles qu'il leur adressait, les saintes pensées qu'il leur développait, les insinuations paternelles à aimer Dieu et le devoir, tout cela était si simple en apparence, qu'on eût dit une source d'où s'épanchait l'éloquence. Et cependant, redisons-le, tout cela était le fruit du travail, et du travail intelligent, assidu, persévérant. Aussi voulait-il que les autres apprissent, non-seulement en écoutant, mais aussi en étudiant. C'est dans ce but qu'il fonda cette bibliothèque paroissiale, qui a produit tant de bien dans sa paroisse, parce que les bons ouvrages et les livres excellents achetés par lui, étaient parfaitement appropriés au besoin et au goût de chacun, et qu'il savait les faire lire et étudier.

Cette étude sérieuse et assidue à laquelle il se livrait, lui avait donné cette rectitude de jugement, et cette sagesse de direction spirituelle, qui faisaient de lui un confesseur vraiment remarquable, et un guide aussi sûr que bienveillant et dévoué. Ici nous touchons à la région des secrets ; tout regard deviendrait un danger, toute parole une indiscrétion coupable. Ce que nous pouvons dire c'est le nombre d'âmes qui venaient se confier à lui ; c'est le temps qu'il employait à cette œuvre sublime ; c'est le soin, la tendresse, le renoncement à lui-même, qu'il apportait à cette action, où le prêtre devient le juge-suppléant de Dieu, et le dispensateur omnipotent du pardon et de la grâce !... « Pour moi, disait tout récemment une personne de sa paroisse, pour moi je ne retrouverai plus un directeur aussi sage, aussi paternel, aussi dévoué quoique ferme dans tout ce qu'exigeait le bien... Il sait, aujourd'hui, au Ciel, combien il m'a soutenue dans la lutte, combien il m'a fait éviter de fautes, et qu'elles idées il m'a données de Dieu et de son amour !... Ce qu'il sait aussi, c'est combien je l'aimais, et combien je le regrette. »

Son dévoûment pour les âmes ne se limitait pas à la terre ; par sa pensée et par son cœur, il les suivait au-delà de la tombe. Ceux qu'il avait aimés et qui n'étaient plus de ce monde, il les aimait encore, parce qu'ils pouvaient souffrir ! Les âmes du Purgatoire, âmes de nos frères, de nos parents, de nos amis, de tout ce que l'on a aimé sur la terre, il voulait les soulager, les aider dans leurs peines, alléger leurs souffrances, et les faire jouir au plus tôt de ce bonheur infini, qu'elles ont mérité, mais dont elles ne sont pas encore dignes. Peu de temps après son arrivée, il inspira cette belle dévotion à ses chers paroissiens ; il leur fit comprendre ce dogme de l'expiation dans une autre vie, et l'obligation pour chacun de nous de prier pour ceux qui ne sont plus avec nous sur la terre, de faire surtout prier pour eux par l'offrande du Saint-Sacrifice. Il fut bien compris, mais aussi il fut bien éloquent ; il défendait la cause du cœur et de la souffrance !... Il établit la confrérie des âmes du Purgatoire ; s'en fit le directeur, prenant la résolution de rappeler souvent l'obligation de la prière pour les morts. Bon nombre de ses paroissiens voulurent faire partie de cette association qui n'est autre que celle de la prière pour nos chers défunts. Chaque semaine une messe était annoncée et célébrée pour les fidèles trépassés de la paroisse. Et cette œuvre ne sera pas un bien passager, mais une prière continuelle dont les heureux fruits seront de contribuer puissamment à la délivrance de ces âmes que Dieu aime tant !

Monseigneur Fournier, trouvant dans ce prêtre, un ensemble si complet de hautes qualités et de vertu, l'avait honoré de sa confiance intime ; il se plaisait à l'entretenir, recherchait même ses appréciations, nous n'oserions dire ses conseils, et un jour il fixa sur lui son choix définitif ; il voulait l'appeler près de lui.

C'était avant le départ de Sa Grandeur pour Rome, pour ce dernier voyage, dans lequel une maladie cruelle devait, le 9 juin 1877, l'enlever à l'affection et au respect de son diocèse ; Monseigneur Fournier arrivait à Saint-Etienne, le 6 mai 1877 pour y donner, le lendemain, la confirmation. Dans cette circonstance, disons-le, tout fut remarquablement beau ; la population se surpassa pour fêter digement son Evêque ; il semblait qu'une intuition prophétique ou un sentiment secret et révélateur lui disait qu'elle ne reverrait plus ce Pontife aimé qui venait la bénir.

Les nombreux feux de joie, les rues richement pavoisées, les décorations de toute sorte, une foule partout pressée et respectueuse, tout disait à Monseigneur Fournier combien il était aimé.

Monsieur le curé, on s'en souvient encore, se surpassa lui aussi dans ses préparatifs, dans son discours, dans son amour pour son Evêque. Avant de quitter cette belle paroisse, Sa Grandeur eut un entretien intime avec monsieur le curé ; puis tout-à-coup : « Mon » cher curé, dit Monseigneur, je vais vous » enlever à votre paroisse !... Je vous veux à » l'évêché..., je vous nomme Grand-Vicaire, » *désormais entre nous deux, c'est à la vie à* » *la mort*, à mon retour de Rome, je vous » attends. » En prêtre soumis il s'agenouilla, dit amen, et reçut une dernière bénédiction de son évêque.

La mort de Monseigneur mit un obstacle à l'exécution de ce projet ; et le Pasteur qui, un mois avant, venait de faire le sacrifice le plus grand de sa vie, fut conservé à sa chère paroisse. Le premier pasteur avait cessé de vivre !!! Trois ans plus tard le second, enlevé subitement à l'affection de sa paroisse, montait au Ciel pour y retrouver Celui dont il devait être le grand-vicaire sur la terre ; Dieu l'avait voulu, tous les deux étaient dignes de l'éternelle récompense !...

C'est donc cette fin douloureuse qui nous reste à redire !... C'est cette mort d'un père, ces dernières heures d'un ami, que nous devons retracer. C'est pour nous, comme un serrement de cœur... il nous semble assister à son agonie.

Depuis cette époque, ou la maladie vint le frapper dans l'acte même de la plus pure charité... vint le saisir au chevet d'un lit d'agonie, pour le conduire à sa tombe... vint l'arracher à ce qu'il avait de plus intime, son ministère paroissial, pour réduire son âme active au rôle de la souffrance !... depuis ce jour, sa vie ne fut plus cette grande vie du pasteur dans la plénitude de sa force... A de rares intervalles, cette ardente nature reprenait son énergie, se jettait dans le travail, se dépensait encore pour ce qu'il avait de plus cher au monde, sa paroisse, sa bien aimée paroisse, il désirait tant se conserver pour elle, vivre encore longtemps pour elle !!! Dans ce but il alla demander sa guérison aux eaux bienfaisantes de Préfailles ; il entreprit ce voyage qui l'éloignait de ceux qu'il aimait. Il revint un peu soulagé. Quelques mois de répit dans ses souffrances, lui permirent de reprendre, à peu près complètement, les travaux de son ministère ; de nouveau il se remit à ses œuvres, à ses enfants, à ses malades, à ses prédications favorites ; il semblait renaître à la vie ; il jouissait, comme autrefois, du bien qu'il faisait autour de lui , son cœur de prêtre s'ouvrait au bonheur de se dévouer encore... Mais cependant la mort était toujours là, terrible, menaçante !!! Son œuvre allait enfin s'accomplir... elle allait briser cette belle vie... frapper le pasteur, et plonger la paroisse dans la désolation...

Le dimanche, 11 juillet, il éprouva dès le

matin un malaise général, dont les signes précurseurs s'étaient révélés dès la veille et l'avant veille !.. Il voulut essayer de célébrer encore une fois la sainte messe ; il ne le fit qu'avec beaucoup de peine. Sa communion fut son viatique... Dieu dut sans doute parler au cœur de son prêtre, et lui dire, « Me voici, » je viens te chercher... quelques heures » encore sur cette terre... et tu seras pour » toujours avec moi... » Il rentra chez lui épuisé. Il conservait néanmoins des idées de voyage pour aller refaire sa santé... ses préparatifs étaient faits, il voulait partir à midi... Hélas ! il allait, à cette même heure, entreprendre un autre voyage, celui de l'Eternité..

L'homme de la science, un ami de cet excellent curé, arrive à la première nouvelle de sa maladie ; il en connaissait dès longtemps toute la gravité. A première vue il constate un danger imminent qu'il essaie de conjurer... Monsieur le curé, lui dit-il, vous ne partirez pas aujourd'hui.., soignez-vous... votre mal est grave. Les remèdes les plus énergiqués sont employés sans résultat aucun, une congestion pulmonaire venait de se déclarer. Il perd connaissance. L'un des vicaires se présente : lui parle du Ciel, de Dieu, de son âme ; pas de réponse et la mort approchait... Ses meilleurs amis sont accourus, et l'entourent des soins les plus dévoués... le médecin épuise en vain toutes les ressources de son art... c'est la mort, la mort sans appel !... la mort à courte échéance... on commence alors les préparatifs nécessaires pour l'administrer... La vue de son vicaire, revêtu des ornements sacrés, ranime ses esprits ; il entend, il voit, il comprend. Pardon, mon Dieu !... L'absolution... Marie !... Saint-Joseph, Sainte-Anne !... telles furent ses dernières paroles... quelques minutes encore et il avait cessé de vivre !... Mon Dieu, vous l'aviez appelé, son cœur avait répondu : Me voici Seigneur !... Et il partait pour le Ciel...

Il ne souffrait plus ; son visage sembla s'illuminer et devint souriant... mais ses vicaires, ses amis, furent brisés de douleurs ; les larmes, la tristesse, les sanglots se mêlèrent confus et retentissants... La nouvelle de sa mort se répandit instantanément parmi la population. Il est mort, disait-on... et le chagrin envahit tous les cœurs... Il est mort, et le deuil... un deuil comme celui d'un père, commença pour toutes la paroisse... il est mort, et il n'y avait plus de pasteur !... pour toutes ces âmes, pour lesquelles il s'était sacrifié, pour lesquelles il avait dit avec tant de conviction : *ego libentissimè independam !* Je me dévouerai et ce sera là mon bonheur... Oui, sur la terre, Pasteur vénéré !... au ciel un autre bonheur plus grand est devenu votre partage pour l'Eternité.

Le mardi suivant avait lieu la cérémonie de la sépulture. Elle était présidée par un vénérable vieillard ; il était un peu courbé sous le poids des années ; maïs il était facile de voir qu'il se courbait plus encore sous le poids de la douleur... douleur muette, mais grande..., c'était la douleur d'un père : on eût dit Jacob pleurant sur son fils Joseph...

C'était celui-là même qui, il y a cinq ans, l'appelait son fils, et présidait à son installation. Aujourd'hui il préside à ses funérailles, et veut l'accompagner jusqu'à sa tombe pour lui donner le dernier adieu de son cœur, et redire comme Jacob : Mon fils n'est plus.

Un clergé nombreux, ses amis intimes, étaient là, tristes, priant, unissant leur tristesse à celle du Vicaire général. Sa famille était agenouillée et brisée par ce deuil... Sa sœur qu'il avait tant aimée était abattue et sous le coup du plus profond chagrin.

C'est au cimetière... C'est penché sur cette tombe où l'on venait de descendre un cercueil que ce prêtre vénérable redit ce dernier adieu, entendu, compris, répété par toute la paroisse ; adieu qui vint se confondre avec cette dernière prière de l'Eglise ; qu'il repose en paix.

Toute la population avait rempli l'Eglise et le cimetière... Sa douleur était grande, comme avait été grande son affection pour son pasteur ! Elle pleurait et voulait que sa douleur, comme ses larmes, fussent l'éloge le plus vrai, le plus sincère, le plus digne de Celui qu'elle avait tant aimé. Nous aussi, nous voulons que cette douleur paroissiale, à laquelle nous mêlons la nôtre, vienne sceller ce monument que notre amour a essayé de lui élever.

Il n'est plus ce pasteur, que l'on nommait un père...
Dieu, qui l'avait donné, l'a repris à la terre...

H. H.

www.ingramcontent.com/pod-product-compliance
Ingram Content Group UK Ltd.
Pitfield, Milton Keynes, MK11 3LW, UK
UKHW012053240726
13965UKWH00003B/1249

9 782013 047630